Lb 49 323.

TESTAMENT
DE
NAPOLÉON BONAPARTE.

J.-C. MOUTON-DUVERNET,

LÉGATAIRE DE NAPOLÉON,

ET FILS DU LIEUTENANT-GÉNÉRAL CONDAMNÉ ET MIS A MORT A LYON, EN 1815,

AU COMTE DE MONTHOLON

ET

AU GÉNÉRAL BERTRAND,

Ses Co-Légataires.

Je suis le sang du général, et le legs que vous me refusez est le prix de son sang.

PARIS,
CHEZ FANJAT, LIBRAIRE, RUE CHRISTINE, N° 3,
ET CHEZ LES MARCHANDS DE NOUVEAUTÉS.

1826.

TESTAMENT

DE

NAPOLÉON BONAPARTE.

Jean-Cincinnatus MOUTON-DUVERNET, légataire de Napoléon BONAPARTE, Fils du Lieutenant-Général, condamné et mis à mort à Lyon, en 1815;

Au Comte de MONTHOLON, et au général BERTRAND, ses co-légataires.

Votre longue injustice a usé ma résignation, mais n'a pas vaincu mon courage. Je suis orphelin; je n'ai rien que l'épée de mon père, votre ami, votre camarade..... Son malheur serait-il effacé de votre mémoire! Napoléon a été votre bienfaiteur et le mien; vous avez recueilli ses magnifiques présens; et vous vivez dans l'opulence; moi je vis de mes larmes; et c'est vous qui me disputez le faible legs dont j'ai été honoré par ce grand homme. Vous le savez; ce legs est ma seule propriété au monde; c'est mon unique ressource; si j'en suis privé, l'on verra l'enfant d'un général célèbre, porter les haillons de la misère. Vous le savez, et je suis obligé de me plaindre de vous à la France!

Combien il m'en a coûté pour prendre cette douloureuse résolution? Mon cœur vous avait voué une espèce de culte; vous étiez pour moi, des demi-dieux. Fidèles à Napoléon pendant sa vie, comment avez-vous pu devenir infidèles à ses dernières volontés? Vous les méconnaissez aujourd'hui; vous les éludez; vous descendez à des arguties, à des chicanes, pour ne pas détacher, des millions que vous donna la munificence d'un héros, quelques mille francs qui m'appartiennent.

Elevez vos regards vers le ciel! Il est là, ce héros qui vous contemple, qui vous attend;

Soyez dignes de lui, *restez* dignes de vous; il en est temps encore (1).

Que si vous êtes impitoyables, je vous appellerai devant les tribunaux. Oui, je vous arracherai, par la force des lois, ce legs dont vous voulez grossir les vôtres. Lyon, qui a vu tomber la tête de mon père; Lyon, qui connait ma détresse et mes droits; Lyon s'étonne et *déjà* s'indigne. De généreux secours me sont assurés; je pourrai franchir le seuil du temple de la justice : un avocat connu, et qui ne me pardonnerait pas de faire ici son éloge (2), m'aidera de sa fortune et me prêtera sa voix. Ce n'est pas sans efforts qu'il s'est décidé à commencer cette *triste* lutte, que n'a-t-il pas fait pour vous convaincre, pour vous attendrir? Il gémissait, il gémit encore de votre aveuglement. Il déplore la nécessité fatale d'accuser devant l'Europe, les exilés de Sainte-Hélène,

---

(1) Cet écrit ne sera imprimé qu'après avoir été communiqué à MM. de Montholon et Bertrand, et lorsque j'aurai perdu tout espoir d'obtenir la justice qu'ils me doivent.

(2) Le chevalier Lombard de Quincieux, avocat à Lyon.

les amis de Bonaparte, les *confidens* de ses secrets, les *dépositaires* de ses dernières volontés. Mais, secourir le malheur est le premier devoir de l'avocat. Ce devoir sera rempli.

Il le sera dans toute son étendue. Si vous avez commis des fautes, elles seront signalées; si vous avez négligé des obligations, vous entendrez de justes reproches; si vous avez réclamé des préférences illégales au préjudice de vos co-légataires; si vous vous êtes attribué ou fait attribuer une part trop forte des valeurs héréditaires, vous aurez à rendre compte et de vos prétentions et de ce partage. Le courage militaire est bien brillant; vous verrez ce que c'est que le courage civil.

———

L'ex-empereur Napoléon a laissé un testament et quatre codicilles.

Le testament est du 15 avril 1821.

Les quatres codicilles sont, l'un du 16, les autres du 24 de ce même mois.

Le testament est divisé en trois parties.

Dans la première, Napoléon fait sa profession de foi religieuse, adresse ses adieux au peuple français *qu'il a tant aimé*; donne ses derniers soupirs à sa femme et à son fils, signale des traîtres, accuse l'Angleterre de sa mort prématurée, et répand des souvenirs sur tous les membres de sa famille.

La seconde partie contient trente-quatre legs, savoir :

Pour le comte de Montholon, un legs de............................ 2,000,000 fr.

Pour le comte Bertrand, de . 500,000 fr.

Pour M. Marchand, de . . . 400,000 fr.

Pour les enfans du général Mouton-Duvernet, de....... 100,000 fr.

Pour le comte de Las-Cases, de 100,000

Pour le comte de La Valette, de 100,000

Pour le comte Vignali, de . . 100,000

Pour le médecin Larrey, de . 100,000

Pour le général Bregis, de . 100,000

Pour le général Lefèvre-Desnouettes, de 100,000

Pour le général Drouot, de . 100,000

Pour le général Cambrone, de 100,000

Pour les enfans du brave Labédoyère, de 100,000

Pour les enfans du général Girard, de 100,000

Pour les enfans du général Marchand, de 100,000

Pour les enfans du vertueux général Travot, de 100,000

Pour le général Lallemant l'aîné, de 100,000

Pour le comte Réal, de 100,000

Pour le général Clausel, de . 100,000

Pour le baron de Menneval, de ...., ... 100,000

Pour M. Arnault, auteur de *Marius*, de 100,000

Pour le colonel Morbal, de . 100,000

Pour le baron Bignon, de .. 100,000

Pour le chirurgien Emmery . 100,000

Les autres legs sont rémunératoires. Ils sont faits à des personnes attachées au service de l'empereur.

La masse de ces diverses libéralités est de 5,600,000 fr.

« Toutes ces sommes, dit Napoléon, seront

« prises sur les six millions que j'ai placés en
« partant de Paris en 1815, et sur les intérêts,
« à raison de cinq pour cent depuis juil-
« let 1815. Les comptes en seront arrêtés
« avec le banquier (1), par les comtes Mon-
« tholon, Bertrand et Marchand. »

Quant à la troisième partie du testament, elle contient un legs de deux cents millions « en faveur des *officiers et soldats qui restent* « *de l'armée française, et qui ont combattu* « *pour la gloire et l'indépendance de la nation* « *depuis 1792 à 1815.* » Ensuite Napoléon destine à son fils ses armes, et défend de vendre aucun des effets qui lui ont servi, « le surplus, ajoute-t-il, sera partagé entre « mes exécuteurs-testamentaires et mes « frères. »

Passons aux quatre codicilles.

Dans le premier, Napoléon donne aux comtes Montholon et Bertrand et à M. Marchand, tout ce qui lui appartient dans l'île Sainte-Hélène.

Par le second de ses codicilles, Napoléon recommande à *la duchesse de Parme*, sa chère

(1) M. Lafitte.

épouse, de faire restituer au général Bertrand les 30,000 francs de rente qu'il possède dans son duché, et de lui faire payer les arrérages échus.

Il lègue au même général 300,000 fr., à M. de Montholon, 200,000 fr., à M. Marchand, 100,000 fr., etc., etc., etc., *à prendre sur les fonds remis, en or, à l'impératrice Marie-Louise, à Orléans, en* 1814.

Dans le troisieme codicille, le testateur donne:

Au général Bertrand.	300,000 fr.
Au comte Montholon.	200,000
A M. Marchand.	100,000
Aux enfans de Mouton-Duvernet.	50,000
Et à plusieurs autres.	900,000

A l'acquittement de ces dons, sont affectées spécialement *les valeurs de la liste civile d'Italie, dont le vice-roi est dépositaire.* « J'espère, » porte l'acte, « j'espère que, sans s'autoriser « d'aucune raison, mon fils Eugène Napoléon « les acquittera fidèlement (les legs). Il ne peut « oublier les quarante millions que je lui ai « donnés, soit en Italie, soit par le partage de « la succession de sa mère. »

Le quatrième codicille dispose de 800,000 fr.;

le cinquième codicille dispose de 400,000 fr., et l'on y remarque les clauses suivantes :

« L'administration d'une pareille succession, « jusqu'à son entière liquidation, exigeant des « frais de bureau, de courses, de missions, de « consultations, de plaidoiries, nous enten- « dons que nos exécuteurs testamentaires re- « tiendront 3 p. 100 sur tous les legs, soit sur « les 6,800,000 francs, soit sur les sommes « portées dans les codicilles, soit sur les « 200,000,000 de francs de notre domaine « privé.

« Les sommes provenant de ces retenues « seront déposées dans les mains d'un tréso- « rier, et dépensées sur mandat de nos exé- « cuteurs testamentaires.

« Nous nommons le comte Las-Cases, et, « à son défaut, son fils, et, à son défaut, le « général Drouot, trésorier. »

Le 25 avril 1821, c'est-à-dire le lendemain du jour où Napoléon avait écrit ses codicilles, il remit à M. de Montholon, une lettre adres- sée à M. Lafitte, et conçue en ces termes :

« Monsieur Lafitte, je vous ai remis, en « 1815, au moment de mon départ de Paris, « une somme de près de 6 millions.....

« Je charge M. de Montholon de recevoir,
« après ma mort, ladite somme, AVEC LES IN-
« TÉRÊTS, à raison de 5 p. 100, à dater du
« 1er juillet 1815, en défalquant les paiemens
« dont vous avez été chargé en VERTU D'ORDRES
« DE MOI. »

Napoléon cessa d'exister le 5 mai 1821.

Que devaient faire ses exécuteurs-testamentaires ?

L'article 1031 du Code civil répond à cette question. Cet article porte :

Les exécuteurs testamentaires feront apposer les scellés s'il y a des héritiers, mineurs, interdits ou absens; ils feront faire en présence de l'héritier présomptif, ou lui dûment appelé, l'inventaire des biens de la succession ; ils provoqueront la vente du mobilier à défaut de deniers suffisans pour acquitter le legs. Ils veilleront à ce que le testament soit exécuté ; et ils pourront en cas de contestation sur son exécution, intervenir pour en soutenir la validité. Ils devront, à l'expiration de l'année du décès du testateur, rendre compte de leur gestion.

Que firent-ils ? — Rien.

L'or, l'argent, les pierreries, les diamans, les bijoux, mille objets rares et précieux accumulés à Sainte-Hélène, ont passé dans leurs mains. Ils n'ont pas encore daigné en rendre compte.

Napoléon était mort Français, les légataires étaient Français : la succession s'ouvrait en France.

C'était à Paris, c'était dans la patrie de Napoléon, que les exécuteurs testamentaires devaient apporter et déposer ses testamens.

Ils les ont laissés à Londres; ils les ont engagés dans des archives anglaises.

Imprudence inexplicable, dont le banquier, débiteur de 6 millions, a su, depuis, tirer un grand avantage; imprudence dont toutes les suites doivent retomber sur ses auteurs!

Lorsque l'on présenta les expéditions du testament et des codicilles à M. Lafitte, il objecta que ces expéditions étaient incomplètes, et que les actes étant olographes, il était nécessaire de les représenter en original.

Actionné devant le tribunal de la Seine, il répéta cette défense, la fit accueillir et obtint un jugement qui rejeta les demandes formées contre lui.

Rien n'était plus facile que de renverser ce jugement. Il fallait voler à Londres, redemander aux notaires de cette capitale les titres dont ils étaient dépositaires et les présenter aux magistrats français.

Mais cette marche si simple et si loyale ne se conciliait pas avec tous les intérêts.

Il était plus expédient de se choisir des juges et de transiger avec M. Lafitte.

Des arbitres furent nommés : ce furent MM. Daru, Maret et Caulincourt.

On leur remit, au nom de MM. de Montholon, Bertrand, Las-Cases et Marchand, un mémoire où ces quatre légataires réclamaient le paiement de leur legs, par privilège, attendu qu'ils avaient suivi Napoléon dans son exil.

Dès que MM. Bertrand et Las-Cases eurent connaissance de cette prétention, ils la désavouèrent hautement.

MM. Montholon et Marchand y persistèrent, et, chose inouïe, elle fut consacrée par la décision des arbitres.

On assure que, depuis, M. de Montholon s'est repenti de son triomphe et a renoncé, par une lettre, à une aussi *juste* préférence.

La sentence arbitrale renferme un grand nombre de dispositions importantes. Je ne parlerai que de quelques-unes.

Elle attribue aux exécuteurs-testamentaires tout, absolument tout, ce qui était la propriété de Bonaparte dans l'île Sainte-Hélène, sans aucune imputation sur leurs legs, et sans *contribution aux dettes*.

Jamais, non jamais une décision judiciaire n'avait blessé si ouvertement les lois, l'équité et le bon sens.

La sentence règle ensuite la dette de M. Lafitte.

Cette dette est réduite de 6 millions, à 3 millions 248,500 francs.

Une telle réduction, qui devra être révisée, est bien extraordinaire; mais ce qui l'est encore plus, c'est que M. Lafitte a été affranchi du paiement des intérêts.

Il est vrai que M. Lafitte avait prétendu n'être pas débiteur, mais seulement dépositaire de ces 6 millions.

A cette assertion, il est permis, sans doute, d'opposer le témoignage de Napoléon.

Il a dit positivement, dans son testament, qu'il avait PLACÉ ces 6 millions chez M. Lafitte, et que celui-ci en devait les *intérêts depuis le mois de juillet* 1815.

Il a répété, dans la lettre du 25 avril 1821, que M. Lafitte *aurait à remettre la somme de 6 millions, avec les intérêts, à raison de 5 pour cent, à dater du 1er juillet* 1815.

Ce ne sont là, j'en conviens, que des présomptions. Mais à qui persuadera-t-on, que six millions ont dormi, pendant sept ans, dans la caisse d'un banquier tel que M. Lafitte? qu'il montre ses livres de commerce; qu'il prête serment; qu'il affirme, sur son honneur, n'avoir pas employé ce capital.

S'il l'a reçu à titre de dépôt, il a dû conserver identiquement les espèces déposées.

Mais pourquoi ces recherches? M. Lafitte a formellement avoué, que ces millions avaient été versés dans son commerce. Il a consenti à faire participer les légataires de Napoléon, à ses bénéfices, et il a fixé leur portion à 700,000 fr. Les arbitres ont accepté cette libéralité. Je suppose que, malgré les assurances contraires de Napoléon, il n'y ait eu dès l'origine entre lui et M. Lafitte, qu'un contrat de dépôt. Ce contrat a été détruit le jour où le dépositaire s'est servi de l'argent confié. A l'instant même, il est devenu emprunteur et débiteur; à l'instant même il a dû ouvrir un compte courant à Napoléon, et le créditer, tous les six mois, des intérêts à six pour cent, suivant le taux commercial.

Les arbitres ont aussi liquidé une dette d

M. le comte de Lavalette envers Napoléon. Cette dette était de 280,000 fr.; elle a été réduite à 155,000 fr., *attendu que M. de Lavalette a déclaré avoir remis 125,000 fr. à une personne (qui n'est pas désignée), à la connaissance du testateur.* Cette expression est bien singulière, et des juges ne devraient pas disposer si légèrement du bien d'autrui.

Je desirerais faire connaître ici une convention passée entre M. Lafitte et les exécuteurs-testamentaires, convention que je crois avoir été approuvée par plusieurs légataires; mais, il n'a pas été possible d'en avoir la communication, bien que le général Bertrand eût autorisé, par écrit, M. Lombard de Quincieux à en prendre lecture chez le notaire où elle a été déposée. J'ai beaucoup de motifs pour croire que ce pacte, qui a précédé le jugement des arbitres, a été la règle et le type de ce jugement, dans la partie qui concerne M. Lafitte.

J'ignorais l'existence de toutes ces procédures, et je me reposais sur la protection de M. de Montholon, qui me l'avait promise.

Une correspondance s'était ouverte entre madame Morel Mouton-Duvernet, ma tante, et lui, et j'étais dans une entière sécurité, lorsque je reçus, à Lyon, le 11 février 1825, une lettre de M. de Montholon, qui me jeta dans le désespoir.

Il me disait que je n'avais aucun droit à me presenter comme fils légitime du général Mouton-Duvernet, parce qu'il n'existait aucune trace de la célébration d'un mariage entre ce général et ma mère; que, bien loin de là, il existait un acte légal de mariage, contracté par le général Mouton-Duvernet et une autre femme; que cet acte ne parlait pas d'un mariage antérieur. Il me proposait de renoncer, par un titre authentique, à tous mes droits, même *éventuels*, et m'offrait, en échange de cette cession, une pension viagère de 1000 fr., extinguible à volonté par le paiement d'un capital de dix mille livres.

Je me hâtai d'envoyer, à M. de Montholon, les pièces authentiques et incontestables qui attestent ma filiation et ma légitimité.

Il me répondit le 4 novembre 1825.

« J'ai mis sous les yeux des légataires, à leur
« dernière (1), en juillet dernier, les moyens

---

(1) Un mot oublié.

« que vous présentez pour soutenir vos droits
« au legs indiqué au testament de l'empereur
« Napoléon. Ces Messieurs ont dû s'occuper
« d'examiner vos prétentions, et aussitôt que
« je connaîtrai leur réponse, je vous la ferai
« parvenir. »

Depuis lors, mes lettres, mes prières, mes plaintes ont été inutiles.

J'appris que M. Lombard de Quincieux, avocat auprès de la Cour royale de Lyon, était appelé à Paris pour des affaires personnelles. J'implorai son secours; il me l'accorda.

Il vit M. de Montholon à Paris, eut avec lui une longue conférence sans autre résultat, que celui d'être autorisé verbalement à prendre connaissance, chez M. N....., notaire à Paris, de toutes les pièces relatives à la succession de Napoléon. M. de Montholon lui remit mes titres de filiation, et l'invita à en faire une analyse qui serait soumise aux légataires de Napoléon, dans une assemblée qui serait bientôt convoquée.

M. Lombard de Quincieux se rendit chez M. N....., notaire, et voici comment il a raconté à M. de Montholon, par une lettre

2

du 10 décembre 1825, ce qui s'était passé dans cette visite.

Paris, le 20 décembre 1825.

« Monsieur le Comte,

« Je me suis présenté chez M. N... notaire.
« Après m'avoir fait subir un véritable in-
» terrogatoire, il a reconnu que les pièces dont
« j'étais possesseur me donnaient le droit de
« prendre connaissance des titres dont il est
« dépositaire. Il a apporté ces titres sur son
« bureau, et m'a donné lecture des dispositions
« testamentaires qui concernent spécialement
« le jeune Mouton-Duvernet. Je l'ai prié de me
« permettre de lire les testamens entiers, l'acte
« de dépôt qui en a été fait chez lui, la sen-
« tence arbitrale dont il m'avait fait voir seu-
« lement l'enveloppe, le jugement du tribunal
« de Paris et le traité en exécution duquel
« M. Lafitte paie provisoirement les intérêts
« de sa dette. J'ai essuyé un refus que les plus
« justes représentations n'ont pu vaincre. Cette
« conduite est vraiment étrange: tous ces actes
« sont communs au fils du général, puisqu'il
« a des droits à une quotité quelconque des

« sommes dues par M. Lafitte, et puisqu'il a été
« représenté textuellement par les exécuteurs-
« testamentaires dans les procédures qu'ils
« ont provoquées. Quel intérêt un dépositaire
« peut-il avoir à céler des actes publics? Quel
« motif peut décider un notaire de Paris à re-
« fuser des communications utiles à un or-
« phelin infortuné? Le malheur n'est-il pas
« une chose sacrée?

« Vous sentirez, M. le Comte, que je ne puis
« apprécier les propositions que vos lettres
« renferment, sans apprécier les droits dont
« vous demandez l'abandon. La résistance du
« notaire me condamnerait à les accepter (ces
« propositions), les yeux fermés, ou à exer-
« cer devant les tribunaux une action irrégu-
« lière et inconsidérée contre M. Lafitte. Je
« sais bien que la justice aurait bientôt dé-
« chiré le voile dont ce fonctionnaire public
« veut couvrir, sans aucun prétexte, une pro-
« cédure dont tous les légataires de l'empereur
« sont, pour ainsi dire, co-propriétaires. Mais
« j'ai pensé qu'il convenait, avant d'agir, de
« vous demander l'autorisation, par écrit, que
« vous m'avez donnée oralement.

« Je vous prie de m'accorder une lettre

2.

« pour M. Bertrand, notaire, et d'y bien
« expliquer que je dois être admis à prendre
« la lecture : 1° des testamens ; 2° de l'acte de
« dépôt des testamens ; 3° de la sentence ar-
« bitrale ; 4° des pièces du procès intenté con-
« tre le banquier ; 5° du jugement ; 6° de l'acte,
« quel qu'il soit, en vertu duquel les légataires
« perçoivent les intérêts ; et, enfin, de toutes
« les pièces accessoires.

« J'ai différé de voir le général Bertrand,
« parceque tout Paris dit qu'il gémit des chi-
« canes que l'on accumule, de toutes parts,
« dans ces tristes affaires, et il est si pénible
« d'être importun ! Excusez-moi si je le suis à
« votre égard. Mais je remplis un devoir, et je
« satisfais mon cœur.

« J'ai l'honneur d'être, Monsieur le Comte,
« avec la plus haute considération,

« Votre très humble serviteur,

« Le Chev. LOMBARD DE QUINCIEUX. »

N. B. « Je rédige, à la hâte, l'analyse des
« titres constatant l'état de M. Mouton-Duver-
« net, et je joins cette note à ma lettre.

« Demain à dix heures, je serai chez vous.
« Si vous ne pouvez pas me recevoir, je verrai

« M. votre secrétaire, j'attendrai ensuite votre
« avis pour me présenter à l'assemblée des in-
« téressés. »

Il était dans le caractère de M. Lombard de
Quincieux de ne pas se plaindre de M. N...
notaire, sans lui en donner connaissance,
et il lui envoya une copie de sa lettre à M. de
Montholon.

Le 11 octobre, M. Lombard de Quincieux
fut reçu par le secrétaire de M. de Montholon,
il lui dit que M. de Montholon étant indisposé,
il avait remis au général Bertrand, sa lettre et
le mémoire rédigé pour le jeune Mouton-Duvernet et que, désormais, il fallait traiter cette
affaire avec le général Bertrand.

M. Lombard de Quincieux s'en félicita avant
d'avoir vu le général, et s'en félicita bien plus
encore après qu'il l'eut vu.

Le général montra beaucoup d'intérêt pour
le fils de son infortuné camarade, et déclara
que dans la réunion des légataires, il voterait
en sa faveur. Il écrivit, avec empressement,
l'autorisation dont M. Lombard de Quincieux
avait besoin pour obtenir la communication
des titres.

Cette communication lui fut donnée par le

notaire. Mais il n'avait plus la convention passée entre les exécuteurs testamentaires et M. Lafitte. Elle avait été retirée par M. de Montholon, et le notaire avait eu la précaution de s'en faire remettre une décharge.

Nouvelle lettre de M. Lombard de Quincieux à M. de Montholon, pour le prier de rétablir la pièce dans le lieu du dépôt, ou de lui en faire faire une copie. Un duplicata de cette lettre, fut adressé au général Bertrand.

Les choses étaient dans cet état, lorsque le général Bertrand rompit brusquement la négociation. Il adressa la lettre suivante à M. Lombard de Quincieux.

Monsieur,

« J'ai reçu la lettre que vous m'avez fait
« l'honneur de m'écrire avant-hier, se rappor-
« tant à des plaintes que vous avez adressées
« par écrit au général Montholon, et verbale-
« ment à moi. Je ne m'étonne plus que le no-
« taire chargé de pièces importantes relatives
« au testament de Sainte-Hélène, vous en ait
« d'abord refusé communication, je m'étonne
« plutôt de lui avoir écrit une recommandation

« de vous les communiquer d'après la demande
« que vous me fîtes, quand vous prîtes la
« peine de venir chez moi. Ce que vous avez
« écrit au général Montholon et que j'ai lu de-
« puis votre visite, est une accusation contre
« la mémoire d'un de nos camarades; laquelle
« nous ne pouvons pas admettre. Il ne nous
« appartient pas de décider si un homme a été
« bigame ou s'il ne l'a pas été.

« J'ai l'honneur d'être, monsieur, votre très
« humble et très obéissant serviteur,

BERTRAND. «

Paris, le 24 décembre 1825.

Ce n'est pas le cœur du général Bertrand qui a dicté cette réponse, car elle est injuste jusqu'à l'excès.

Pour le prouver, il faut transcrire le mémoire, rédigé par M. Lombard de Quincieux.

ANALYSE des Titres et des Pièces qui constatent la Filiation et la Légitimité de M. JEAN-CINCINNATUS, *fils du général* MOUTON-DUVERNET, *remise à M. le comte* DE MONTHOLON, *d'après sa demande, le 20 décembre 1825.*

« Le général Mouton-Duvernet était sous-

« lieutenant dans le premier bataillon de la
« Haute-Loire, en 1793.

« Le 22 avril de cette même année, il était en
« garnison à Chambéry, et signa des conven-
« tions civiles et publiques de mariage, avec
« mademoiselle Benoite Secret de cette ville.

« Ces conventions sont authentiques. (1)

« Le mariage fut célébré, et le 18 ventose
« an IV, il en naquit un fils.

« Son extrait de naissance fut déposé, suivant
« les lois, dans les registres du conseil d'admi-
« nistration de la 117ᵉ demi-brigade, alors en
« Italie.

« L'enfant reçut le nom de Jean-Cincinnatus.

« Il fut présenté par le père lui-même,
« comme son *fils légitime né de son mariage*
« *avec Benoîte Secret, native de Chambéry.*

« Il fut encore présenté par le général Cham-
« barlhac (2), chef de la 117ᵉ demi-brigade et

---

(1) L'acte est notarié, nous l'avons.

(2) Le général Chambarlhac est à Paris. Il attestera la possession constante de l'état d'enfant légitime.

Ce général est le compatriote et fut toujours l'ami de l'infortuné général Duvernet.

« par la femme de M. Panché, quartier-maître,
« qui déclareront en avoir été le parrain et la
« marraine. (1)

On lit dans l'acte ce qui suit :

« En foi de quoi nous avons délivré le pré-
« sent pour servir d'acte de naissance et de
« *légitimité* dudit Jean-Cincinnatus Mouton, à
« défaut d'officier public. »

« L'original est dans les bureaux du minis-
« tère de la guerre.

« Une copie a été présentée par madame
« Mouton-Duvernet au maire de Chambéry, qui
« en a délivré un certificat authentique. (2)

« M. Mouton-Duvernet voulut aussi que son
« enfant fut baptisé par le curé du lieu.

« Le parrain et la marraine furent présens au
« baptême.

« Un acte bien authentique, revêtu de toutes
« les formalités possibles, visé par le consul-gé-
« néral français à Gênes, atteste l'accomplisse-
« ment de cette solennité religieuse. (3)

(1) M. Panché et sa femme vivent et donneront une pareille attestation.
(2) Nous avons ce certificat.
(3) On a cet acte.

« Pendant quelques années, madame Mouton-Duvernet habita la maison de son père à Chambéry.

« Le général alors, combattait en Italie, en Prusse et ailleurs.

« Une foule de lettres (1), toutes de sa main, apportèrent à sa femme et à son beau-père les assurances de sa tendre affection.

« Partout il les appelle : *Ma femme, mon épouse, mon père*.

« Partout il parle de son *cher fils*, de son *cher Cincinnatus*.

« Il est arrivé que le général Mouton-Duvernet et sa femme ont contracté depuis chacun un mariage séparé, comme s'ils n'avaient jamais été mariés ensemble.

« Cette bigamie a été favorisée par un grand nombre de circonstances.

« Elle a donné lieu aux exécuteurs testamentaires de l'empereur, de considérer Jean-Cincinnatus comme enfant naturel.

« Les titres ci-dessus rappelés rassurent leur conscience.

« La faute de ses parens est ensevelie dans

_____
(1) On les a.

« leur tombe, et certainement les exécuteurs
« testamentaires ne voudront pas flétrir inutile-
« ment leur mémoire.

« Jean Cincinnatus a toujours joui des hon-
« neurs de la légitimité.

« Son enfance s'est écoulée à Chambéry et au
« Puy, ville natale de son père, dans le sein de
« ses familles maternelle et paternelle.

« Cette dernière famille est très nombreuse,
« elle est distinguée dans la bourgeoisie. Elle
« compte des curés, des prêtres sans fonctions,
« des négocians, des propriétaires, des employés.

« Tous ont certifié, devant le juge-de-paix, le
« 15 mars 1825, « que *le général Mouton-Du-*
« *vernet*, leur neveu, cousin-germain et proche-
« parent, n'a jamais eu d'autre enfant que
« Jean-Cincinnatus, *issu de son mariage*, avec
« dame Benoite-Secret de Chambéry, etc.

« Ainsi la possession d'état est complètement
« justifiée. Il est donc indifférent que Jean-Cin-
« cinnatus ne puisse représenter l'acte de ma-
« riage de ses père et mère.

« Cet acte, rédigé en 1793, dans une ville
« étrangère, le fut par le curé de la paroisse.

« Cette ville a été envahie plusieurs fois; elle

« a été le théâtre de la guerre et de plusieurs
« révolutions.

« Le général Mouton-Duvernet a été bigame.
« Il a commandé a Chambéry; il a été l'ami in-
« time des généraux qui ont commandé à Cham-
« béry. On ne doit pas en dire davantage.....

« Le Code civil, art. 197, dispense celui qui est
« en possession de l'état d'enfant légitime, de
« représenter l'acte de mariage de ses parens
« lorsqu'ils sont morts.

Nota Les pièces seront mises sous les yeux des co-légataires quand et où ils le désireront, par M. le chevalier
Lombard de Quincieux, avocat auprès de la cour royale
de Lyon, qui, en ce moment, est à Paris, logé rue de
Richelieu, hôtel Lillois, n° 63.

Eh bien, général! reprocherez-vous encore
à M. Lombard de Quincieux de porter une *accusation contre la mémoire de l'un de vos camarades ?*

Ne connaissiez-vous donc pas la lettre du 11
février 1825, où le comte de Montholon ré-
voquait en doute l'existence d'un mariage entre le général Mouton-Duvernet et ma mère,
et m'opposait celui qu'il avait contracté avec
une autre femme sans faire mention d'un mariage antérieur.

Le mémoire avait pour objet de convaincre les exécuteurs testamentaires de ma légitimité ,et de combattre leur objection : était-il raisonnable, était-il possible, de passer cette objection sous silence ?

Le comte de Montholon avait demandé, lui-même, à M. Lombard de Quincieux, une note qu'il pourrait mettre sous les yeux des co-légataires réunis. Cette note était confidentielle : elle devait être lue dans une assemblée de famille.

Les exécuteurs testamentaires ne voulaient pas me reconnaître pour fils légitime ; ils appuyaient leur résistance sur la bigamie de mon père ;

Parce que mon avocat, dans un écrit destiné à cet objet, a combatu les fausses conséquences que l'on tirait, contre ma filiation, de cette bigamie, c'est mon avocat qui *accuse la mémoire* du général Mouton-Duvernet...

Non, non; ce n'est pas le cœur du général Bertrand qui a dicté sa dernière lettre, car elle est injuste jusqu'à l'excès :

Ajoutons qu'elle manque de raison.

Les exécuteurs testamentaires refusent de s'occuper de ma réclamation ; ils refusent de la soumettre aux co-légataires, parceque, dit la lettre ; *il ne nous appartient pas de décider si un homme a été bigame ou non.*

Mais il ne s'agit pas, il ne s'agira jamais de décider s'il y a eu bigamie ; il s'agit et il s'agira de décider si par la bigamie j'aurais été privé de mon état d'enfant légitime.

J'en ai constamment joui depuis ma naissance. La famille de mon père, la famille de ma mère, les villes de Chambéry, du Puy, de Lyon, la société entière m'a toujours reconnu pour le fils légitime du général Mouton-Duvernet, c'est comme tel, que je revendique le legs de Napoléon. Et ses exécuteurs testamentaires, à qui j'apporte les titres les plus formels, se croyent autorisés à retenir les sommes qui me sont dues et a garder un dédaigneux silence..... Ils me montrent du doigt les tribunaux et m'imposent la nécessité de faire reconnaître mon etat, par un jugement. Mais avant tout, il faut que quelqu'un le conteste. Puis-je sans ridicule, exercer une action judiciaire, tout seul pour moi et contre moi ? Si le général Bertrand se présentait aux juges de la Seine et leur disait : prononcez que je suis le général Bertrand. La gravité des magistrats bien se dérider jusques sur leurs chaises curales.

Ainsi les exécuteurs testamentaires et avec eux les co-légataires de Napoléon sont appelés, à délibérer sur l'admission de ma demande; c'est leur devoir, c'est une nécessité.

M. Lombard de Quincieux n'a pas sollicité pour moi d'autre faveurs ; il n'en sollicite pas d'autre.

Les exécuteurs testamentaires ont été chargés, par la sentence arbitrale de MM. Daru, Maret et Caulincourt, de gérer la succession de Bonaparte, de payer les dettes, de recouvrer les créances. Ils ont été soumis a rendre compte de leur administration, tous les ans, au mois de janvier. Nous sommes au 30 décembre.

Il est temps de nous apprendre si vous avez reçu les deux millions que le prince Eugène devait *acquitter fidèlement*, suivant les expressions de Napoléon; si Marie-Louise a restitué les *deux millions en or* que son époux *lui remit* à Orléans, en 1814, et enfin, si l'empereur d'Autriche à la générosité d'abandonner la moitié des capitaux qui sont en France et forment la portion héréditaire réservée a son petit-fils, pour concourir à l'accomplissement des intentions de son gendre et à l'aquittement de ses obligations. Veuillez donc convoquer les légataires ; appelez à cette réunion des avocats. M. Lombard de Quincieux s'y présentera avec moi. On discutera, on appréciera mes droits.

J'en ai le pressentiment : ils seront reconnus. J'ai pour appui la nature et les lois.

La nature, puisque je représente vingt lettres du général Mouton-Duvernet, où ma mère est nommée sa chère femme, sa tendre épouse où mon aïeul maternel est nommé son beau-père, son père, où je suis nommé son enfant, son Cincinnatus, son fils chéri.

Les lois, puisque j'ai toujours eu la possession publique de l'état d'enfant légitime, puisque la famille de mon père et de ma mère m'ont constamment reconnu et me reconnaissent pour tel ; puisque je rapporte mes actes de naissance, de baptême et les conventions matrimoniales de mes parens. Il me manque seulement l'acte civil de leur mariage ; mais ils ne vivent plus et, d'après l'article 197 du Code Civil cité dans le mémoire remis à M. de Montholon, je ne suis pas obligé de le représenter.

Supposons que ces titres ne fussent pas dans mes mains ; supposons que ma naissance ne fût pas légitime, je serais alors le fils naturel du général Mouton-Duvernet qui l'a déclaré dans une foule de lettres, et qui m'a présenté, comme son fils, aux officiers publics, qui ont rédigé l'acte de ma naissance.

Et dans cette supposition même, j'aurais des droits certains au legs de Napoléon.

Mon père n'a pas laissé et n'a jamais eu d'autre enfant que moi.

Que je sois légitime ou naturel, je suis son fils.

Les enfans naturels reconnus dans un acte authentique, sont aux yeux de la loi, les enfans des auteurs de la reconnaissance. Ils sont admis à succéder; ils jouissent des mêmes prérogatives que les fils légitimes. Il n'y a pas de différence dans la nature, mais seulement dans la quotité des droits des uns et des autres.

C'est un étranger à la famille du général Mouton-Duvernet, qui a créé le legs qui m'est refusé; c'est Napoléon Bonaparte, c'est pour ainsi dire, l'auteur du Code Civil.

Interrogez votre conscience; vous dira-t-elle que Napoléon n'a pas voulu être le bienfaiteur de l'enfant naturel du général mort pour sa cause? je suis le sang du général, et mon legs est le prix de son sang.

Je vous interpelle, j'adjure vos âmes généreuses, ô vous qui partagez avec moi l'honneur d'être inscrits sur le testament du plus grand des hommes; général Drouot, comte de Las-Cases, général Desnouettes, général Girard, général Cambrone, général Lallemant, général Clausel, colonel Marbot, général Brayer, comte de la Valette, baron de Menneval, baron Bignon et vous, célèbre auteur de *Marius*! Souffrirez-vous que l'enfant de Mouton-Duvernet, pleure, dans l'abjection, la gloire de son père? Pour conserver quelques écus qui ne vous étaient pas destinés, le condamnerez-vous, vous condamnerez-vous au scandale d'un procès qui retentira dans les deux mondes, fera tressaillir d'indignation les mânes de Napoléon, et couvrira d'un nouveau deuil les rochers de Sainte-Hélène.

Jean Cincinnatus MOUTON-DUVERNET.

LE CONSEIL SOUSSIGNÉ,

Vu,

1º Les conventions civiles de mariage passées, le 22 avril 1793, entre feu M. Mouton-Duvernet et Melle Benoîte Secret;

2º L'acte de naissance de M. Jean-Cincinnatus Mouton-Duvernet, rédigé par le Conseil d'administration de la 117e demi-brigade, le 18 ventose an iv;

3º L'acte de baptême rédigé par le curé de la ville où il est né;

4º Les lettres nombreuses dans lesquelles le général Mouton-Duvernet appelle sa femme, *ma chère femme*; son fils, *mon cher enfant, mon Cincinnatus*, et le père de sa femme, *mon cher beau-père*;

5º Les actes de notoriété où tous les parens de M. Cincinnatus Mouton-Duvernet, attestent sa filiation, sa légitimité et sa possession d'état de fils légitime;

'EST D'AVIS

Que les droits de M. MOUTON-DUVERNET, au legs de NAPOLÉON, sont incontestables.

La filiation des enfans nés dans le mariage se prouve de deux manières :

Premièrement, par les actes de naissance inscrits sur les registres de l'état civil, et secondairement, par la possession constante de l'état d'enfant légitime. *(Art.* 319 *et* 320 *du Code civil.)*

M. MOUTON-DUVERNET représente un acte légal de naissance, et prouve que toujours il a eu la possession publique de son état, conformément à son titre de naissance.

Ainsi *nul ne peut contester* son état. *(Art.* 322 *du Code civil.)*

Il est vrai que M. MOUTON-DUVERNET ne produit pas l'acte civil de mariage entre ses père et mère;

Mais puisqu'il est orphelin, il n'est pas

obligé de le représenter, suivant l'article 19. du Code civil qui porte :

« Si néanmoins, dans les cas des art. 194 et 195, (ces articles prévoient la non représentation d'un acte de célébration de mariage), il
« existe des enfans issus des deux individus
« qui ont vécu publiquement comme mari et
« femme, et qui soient tous deux décédés,
« 'la légitimité des enfans ne peut être con-
« testée sous le seul prétexte du défaut de
« représentation de l'acte de célébration,
« toutes les fois que cette légitimité est prou-
« vée par une possession d'état qui n'est
« point contredite par l'acte de naissance.

« LOMBARD DE QUINCIEUX. »

FIN.

IMPRIMÉ PAR PAUL RENOUARD,
RUE DE L'HIRONDELLE, N° 22.